Impressum
Verlag: BABADADA GmbH, Nedderfeld 112 , 22529 Hamburg
Geschäftsführer / Verlagsleitung: Harald Hof
Druck: Books on Demand GmbH, In de Tarpen 42, 22848 Norderstedt

Imprint
Publisher: BABADADA GmbH, Nedderfeld 112 , 22529 Hamburg, Germany
Managing Director / Publishing direction: Harald Hof
Print: Books on Demand GmbH, In de Tarpen 42, 22848 Norderstedt, Germany

xue xiao

مدرسه

jiao shi
کلاس درس
chu
تقسیم کردن
186/2
hei ban
تخته
xiao yuan
lao shi
معلم
zhi
کاغذ
shu xie
نوشتن
gang bi
خودکار
ban gong zhuo
میز تحریر
zhi chi
خط کش
shu
کتاب
xue sheng
دانش آموز

shu bao

کیف مدرسه

qian bi he

جامدادی

qian bi

مداد

juan bi dao

تراش

xiang pi ca

پاک کن

hua ban

دفتر رسم

tu hua

طراحی

hua bi

قلم مو

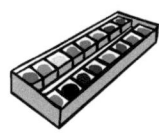

yan liao he

جعبه ی آبرنگ

jian dao

قیچی

jiao shui

چسب

lian xi ce

کتاب تمرین

jia ting zuo ye

تکلیف خانه

12

shu zi

رقم

2+2

jia

جمع کردن

5-2

jian

تفریق کردن

2×2

cheng

ضرب کردن

ji suan

محاسبه کردن

A

zi mu

حرف الفبا

ABCDEFG
HIJKLMN
OPQRSTU
VWXYZ

zi mu biao

الفبا

hello

zi

کلمه

ke wen

متن

du

خواندن

fen bi

گچ

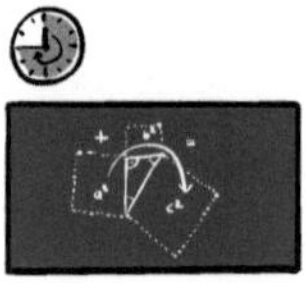

shang ke

درس

deng ji

ثبت نام

kao shi

امتحان

zheng shu

مدرک رسمی

xiao fu

لباس مدرسه

jiao yu

تحصیلات

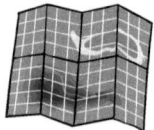

bai ke quan shu

دانشنامه

da xue

دانشگاه

xian wei jing

میکروسکوپ

di tu

نقشه

fei zhi kuang

سبد کاغذ باطله

lü xing

سفر

jiu dian
هتل
Grand
qing nian lü xing she
مسافرخانه
ROOMS
EXCHANGE
wai bi dui huan chu
صرافی
shou ti xiang
چمدان
qi che
اتومبیل

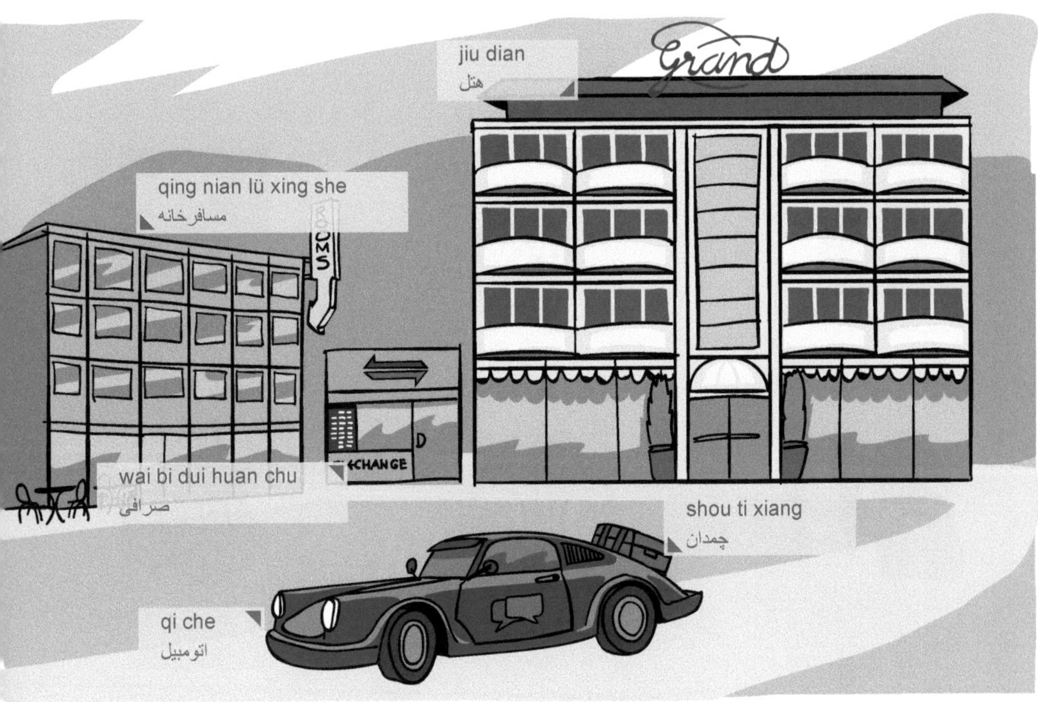

yu yan

زبان

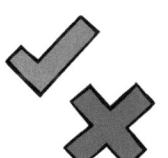

shi/fou

بله / خیر

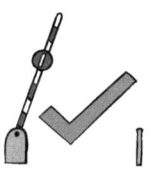

hao de

اُکی

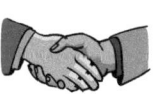

nin hao

سلام

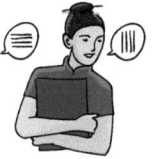

fan yi yuan

مترجم

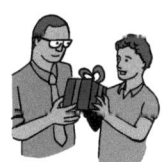

xie xie

ممنون

......duo shao qian?

قیمت ... چه قدر است؟

wo bu ming bai

من متوجه نمی شوم

wen ti

مشکل

wan shang hao!

عصر بخیر! / شب بخیر!

zao shang hao!

صبح بخیر!

wan an!

شب بخیر!

zai jian

خدانگهدار

fang xiang

جهت

xing li

بار سفر

bao

کیف

shuang jian bao

کوله پشتی

ke ren

مهمان

fang jian

اتاق

shui dai

کیسه خواب

zhang peng

خیمه

lü you xin xi

مرکز راهنمای گردشگران

hai tan

ساحل

xin yong ka

کارت اعتباری

zao can

صبحانه

wu can

نهار

wan can

شام

piao

بلیط

dian ti

آسانسور

you piao

مهر

bian jie

مرز

hai guan

گمرک

da shi guan

سفارتخانه

qian zheng

ویزا

hu zhao

گذرنامه

jiao tong yun shu

حمل و نقل

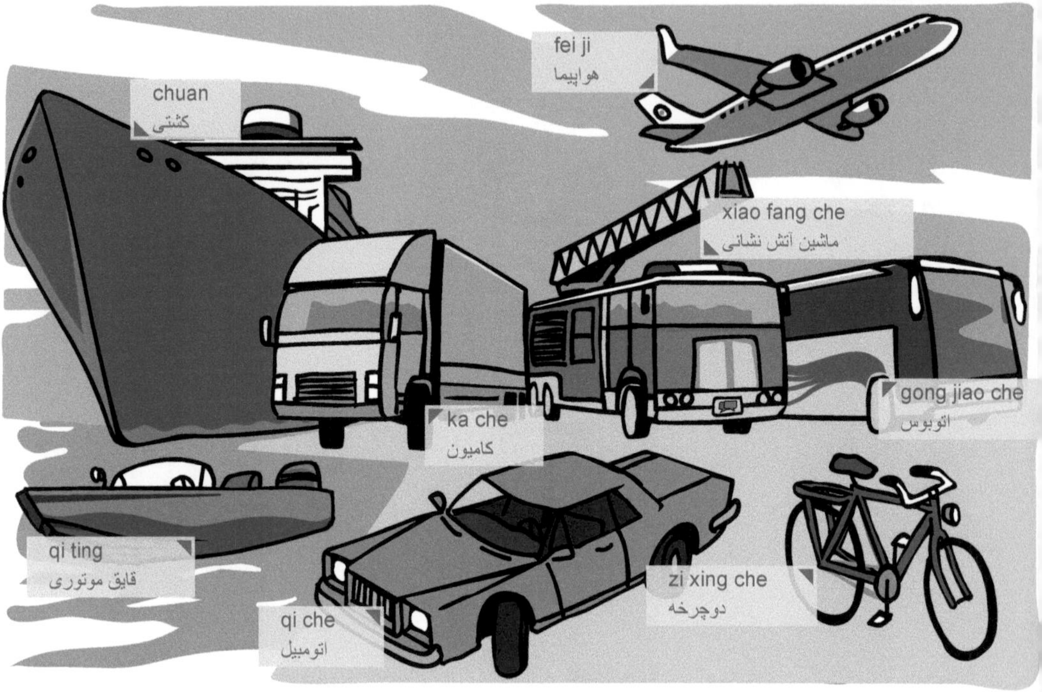
fei ji
هواپیما
chuan
کشتی
xiao fang che
ماشین آتش نشانی
gong jiao che
اتوبوس
ka che
کامیون
qi ting
قایق موتوری
zi xing che
دوچرخه
qi che
اتومبیل

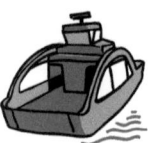

bai du chuan

کشتی مسافربری

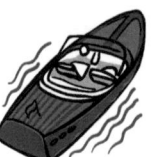

xiao chuan

قایق

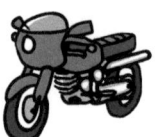

mo tuo che

موتورسیکلت

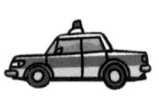

jing che

ماشین پلیس

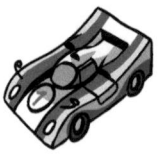

sai che

ماشین مسابقه

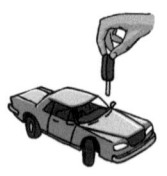

zu che

ماشین کرایه ای

pin che

به اشتراک گذاری اتوموبیل

tuo che

جرثقیل

la ji che

ماشین حمل زباله

fa dong ji

موتور

qi you

بنزین

jia you zhan

پمپ بنزین

jiao tong biao zhi

تابلو راهنمایی و رانندگی

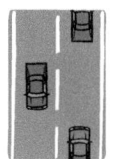

jiao tong

عبور و مرور

jiao tong du sai

ترافیک

ting che chang

پارکینگ

huo che zhan

ایستگاه قطار

gui dao

ریل راه آهن

huo che

قطار

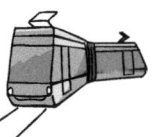

dian che

قطار برقی

huo che

واگن

zhi sheng ji

هلیکوپتر

ji chang

فرودگاه

ta

برج

cheng ke

مسافر

ji zhuang xiang

کانتینر

zhi ban xiang

کارتن

shou tui che

گاری

lan zi

سبد

qi fei/jiang luo

به پرواز درآمدن / فرود آمدن

cheng shi

شهر

cun zhuang

دهکده

shi zhong xin

مرکز شهر

fang zi

خانه

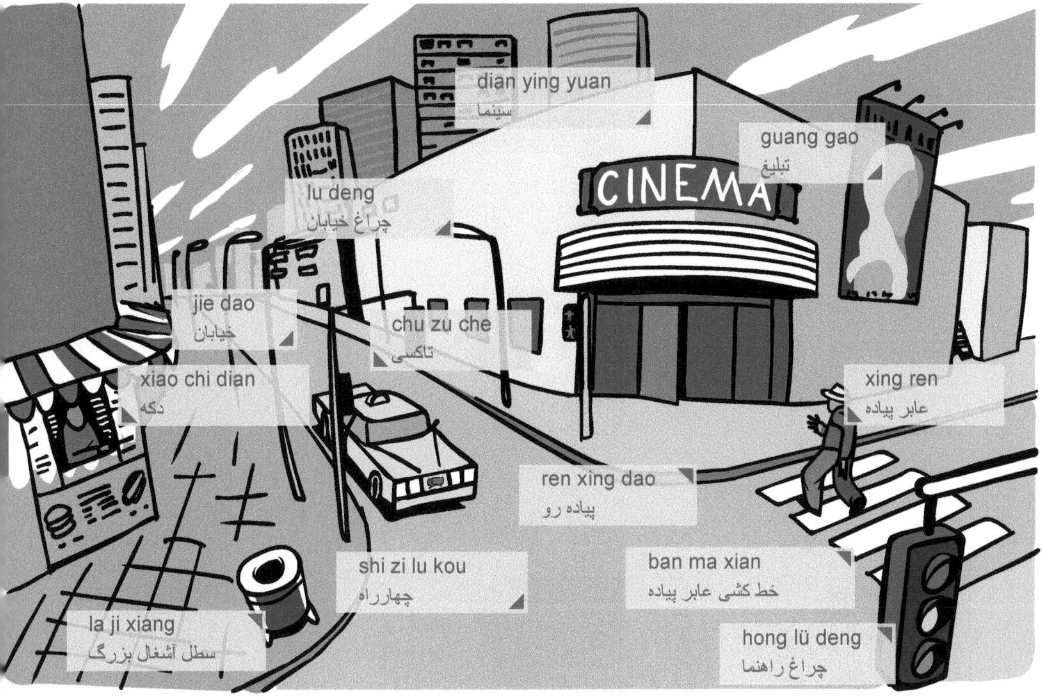

dian ying yuan
سینما

guang gao
تبلیغ

lu deng
چراغ خیابان

CINEMA

jie dao
خیابان

chu zu che
تاکسی

xiao chi dian
دکه

xing ren
عابر پیاده

ren xing dao
پیاده رو

shi zi lu kou
چهارراه

ban ma xian
خط کشی عابر پیاده

la ji xiang
سطل آشغال بزرگ

hong lü deng
چراغ راهنما

xiao wu

کلبه

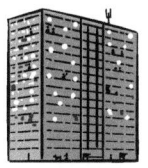

gong yu

آپارتمان

huo che zhan

ایستگاه قطار

shi zheng ting

ساختمان شهرداری

bo wu guan

موزه

xue xiao

مدرسه

da xue

دانشگاه

yin hang

بانک

yi yuan

بیمارستان

jiu dian

هتل

yao fang

داروخانه

ban gong shi

اداره

shu dian

کتابفروشی

shang dian

مغازه

hua dian

گل فروشی

chao shi

سوپرمارکت

shi chang

بازار

bai huo shang dian

فروشگاه بزرگ

yu dian

ماهی فروش

gou wu zhong xin

مرکز خرید

hai gang

بندر

gong yuan

پارک

chang deng

نیمکت

qiao

پل

lou ti

پله

di tie

مترو

sui dao

تونل

gong jiao che zhan

ایستگاه اتوبوس

jiu ba

میخانه

can guan

رستوران

you tong

صندوق پست

lu biao

تابلوی خیابان

ting che ji shi qi

دستگاه پارکومتر

dong wu yuan

باغ وحش

you yong guan

استخر شنای عمومی

qing zhen si

مسجد

nong chang

مزرعه

wu ran

آلودگی محیط زیست

mu di

قبرستان

jiao tang

کلیسا

cao chang

زمین بازی

si miao

معبد

di xing

چشم انداز

shu ye
برگ

zhi shi pai
تابلوی راهنمای مسیر

lu
راه

cao di
چمنزار

shi tou
سنگ

shu
درخت

tu bu lü xing zhe
راه نورد

he
رودخانه

cao
چمن

hua
گل

xia gu

دره

shan

تپه

hu

دریاچه

sen lin

جنگل

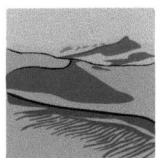
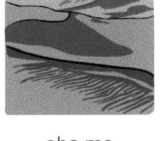

sha mo

بیابان

huo shan

کوه آتشفشان

cheng bao

قلعه

cai hong

رنگین کمان

mo gu

قارچ

zong lü shu

درخت نخل

wen zi

پشه

cang ying

مگس

ma yi

مورچه

mi feng

زنبور

zhi zhu

عنکبوت

jia chong

سوسک

qing wa

قورباغه

song shu

سنجاب

ci wei

جوجه تیغی

ye tu

خرگوش صحرایی

mao tou ying

جغد

niao

پرنده

tian e

قو

ye zhu

گراز

lu

گوزن نر

mi lu

گوزن شمالی

shui ba

سد آب

feng li fa dian ji

توربین بادی

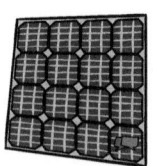

tai yang neng dian chi ban

صفحه ی خورشیدی

qi hou

آب و هوا

fu wu yuan
پیشخدمت رستوران

cai dan
منوی غذا

yi zi
صندلی

tang
سوپ

pi sa bing
پیتزا

can ju
سرویس کارد و قاشق و چنگال

zhuo bu
رومیزی

qian cai

پیش‌غذا

zhu cai

غذای اصلی

tian dian

دسر

yin liao

نوشیدنی ها

shi wu

غذا

ping zi

بطری

kuai can

فست فود

jie bian xiao chi

اغذیه خیابانی

cha hu

قوری

tang he

قندان

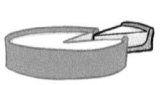

yi fen fan cai

پُرس غذا

yi shi ka fei ji

دستگاه اسپرسو

gao jiao yi

صندلی پایه بلند غذاخوری بچه

zhang dan

صورتحساب

tuo pan

سینی

dao

چاقو

can cha

چنگال

shao zi

قاشق

cha chi

قاشق چایخوری

can jin

دستمال سفره

bo li bei

لیوان

die zi

بشقاب

tang pan

بشقاب سوپخوری

die zi

نعلبكی

jiang

سس

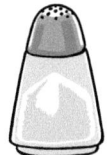

yan ping

نمكدان

hu jiao mo

فلفل ساب

cu

سركه

shi yong you

روغن خوراكی

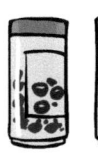

tiao wei liao

ادویه جات

fan qie jiang

سس كچاپ

jie mo

سس خردل

dan huang jiang

سس مايونز

chao shi

سوپرمارکت

te jia
پیشنهاد ویژه
FOR
gu ke
مشتری
ru zhi pin
لبنیات
shui guo
میوه جات
gou wu che
چرخ دستی خرید

rou pu

قصابی

mian bao fang

نانوایی

cheng zhong

وزن کردن

shu cai

سبزیجات

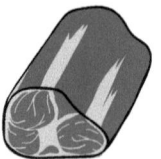

rou

گوشت

leng dong shi pin

غذای منجمد

leng pan

مخلوطی از انواع کالباس یا پنیر که
ورقه ای بریده شده باشند

guan tou shi pin

غذای کنسروی

xi yi fen

پودر لباسشویی

tian shi

شیرینی جات

ri yong pin

لوازم خانگی

qing jie yong pin

ماده شوینده و پاک کننده

xiao shou yuan

فروشنده

shou yin ji

صندوق پرداخت

shou yin yuan

صندوقدار

gou wu qing dan

لیست خرید

kai fang shi jian

ساعات کار

qian bao

کیف پول

xin yong ka

کارت اعتباری

dai zi

کیف

su liao dai

کیسه ی پلاستیکی

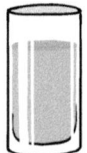

yin liao

نوشیدنی ها

shui

آب

guo zhi

آبمیوه

niu nai

شیر

ke le

نوشابه کوکاکولا

hong jiu

شراب

pi jiu

آبجو

jiu

الکل

ke ke

کاکائو

cha

چای

ka fei

قهوه

yi shi nong suo ka fei

قهوه اسپرسو

ka bu qi nuo

کاپوچینو

xiang jiao

موز

ping guo

سیب

cheng zi

پرتقال

xi gua

انواع هندوانه و خربزه

ning meng

لیمو

hu luo bo

هویج

da suan

سیر

zhu zi

نی بامبو

yang cong

پیاز

mo gu

قارچ

jian guo

آجیل

mian tiao

ماکارونی

yi da li mian tiao

اسپاگتی

mi fan

برنج

sha la

سالاد

shu tiao

سیب زمینی سرخ کرده

zha tu dou

سیب زمینی سرخ شده

pi sa bing

پیتزا

han bao bao

همبرگر

san ming zhi

ساندویچ

zha zhu pai

شنیتسل

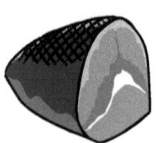

huo tui

ژامبون خوک

sa la mi

سالامی

xiang chang

سوسیس

ji rou

مرغ

kao rou

نوعی گوشت سرخ شده

yu

ماهی

yan mai pian

جوی پرک شده

mu zi li

نوعی صبحانه مخلوطی از برگه ذرت و میوه های خشک شده و خشکبار که معمولا با شیر خورده می شود

yu mi pian

کورنفلکس

mian fen

آرد

yang jiao mian bao

کرواسان

mian bao juan

نان بروتشن

mian bao

نان

kao mian bao

نان تست

bing gan

بیسکویت

huang you

کره

ning ru

کشک

dan gao

کیک

dan

تخم مرغ

jian dan

تخم مرغ نیمرو

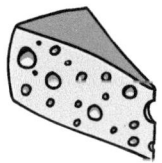

nai lao

پنیر

bing ji lin

بستنی

tang

شکر

feng mi

عسل

guo jiang

مربا

qiao ke li jiang

کرم شکلاتی بادامی

ga li fan

ادویه کاری

nong chang

مزرعه

liang cang
انبار غله
dao cao kun
خرمن گاه
tian ye
مزرعه
ma
اسب
tuo che
ماشین یدک کش
tuo la ji
تراکتور
ma ju
کره اسب
lü
خر
yang
گوسفند
gao yang
بره

shan yang

بز

nai niu

گاو ماده

niu du

گوساله

zhu

خوک

xiao zhu

بچه خوک

gong niu

گاو نر

e

غاز

ya

اردک

xiao ji

جوجه

mu ji

مرغ

gong ji

خروس

shu

موش صحرایی

mao

گربه

lao shu

موش

niu

گاو نر اخته

gou

سگ

gou wu

لانه ی سگ

hua yuan jiao shui ruan guan

شلنگ باغبانی

sa shui hu

آبپاش

chang bing da lian dao

داس دسته بلند

li

گاوآهن

lian dao

داس

chu tou

کج بیل

chang bing cao pa

چنگک باغبانی

fu tou

تبر

du lun shou tui che

فرقون

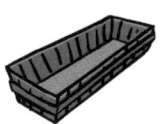

si liao cao

آبشخور

niu nai guan

بطری نگهداری شیر

ma bu dai

کیسه

zha lan

حصار

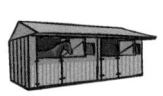

ma jiu

اصطبل

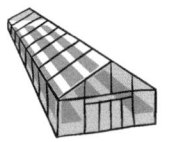

wen shi

گلخانه

tu rang

خاک

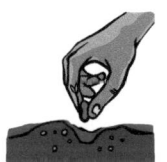

zhong zi

بذر

fei liao

کود

lian he shou ge ji

ماشین کمباین

shou ge

برداشت کردن محصول

shou ge

محصول

shan yao

تمیس

xiao mai

گندم

da dou

سویا

tu dou

سیب زمینی

yu mi

ذرت

you cai zi

کلزا

guo shu

درخت میوه

shu shu

گیاه مانیوک

gu wu

غلات

fang zi

خانه

yan cong
دودکش
wu ding
پشت بام
luo shui guan
ناودان
chuang hu
پنجره
che ku
گاراژ
men ling
زنگ در
men
در
la ji tong
سطل آشغال
xin xiang
صندوق مراسلات
hua yuan
باغ

ke ting

اتاق نشیمن

yu shi

حمام

chu fang

آشپزخانه

wo shi

اتاق خواب

er tong fang

اتاق بچه

can ting

ناهارخوری

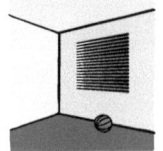

di ban

كف زمين

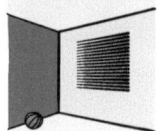

qiang bi

ديوار

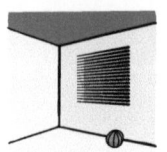

diao ding

سقف

di jiao

زيرزمين

sang na

سونا

yang tai

بالكن

lu tai

تراس

you yong chi

استخر

ge cao ji

ماشين چمنزنی

bei dan

ملافه

chuang zhao

روتختی

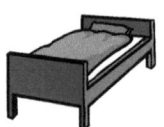

chuang

تخت خواب

sao zhou

جارو

shui tong

سطل

kai guan

سويچ يا كليد

ke ting
اتاق نشیمن

bi zhi
کاغذ دیواری
zhao pian
عکس
tai deng
لامپ
ge jia
قفسه
chu gui
کابینت
dian shi ji
تلویزیون
bi lu
شومینه
hua
گل
dian zi
کوسن
sha fa
کاناپه
hua ping
گلدان
yao kong qi
کنترل تلویزیون و ویدئو و غیره

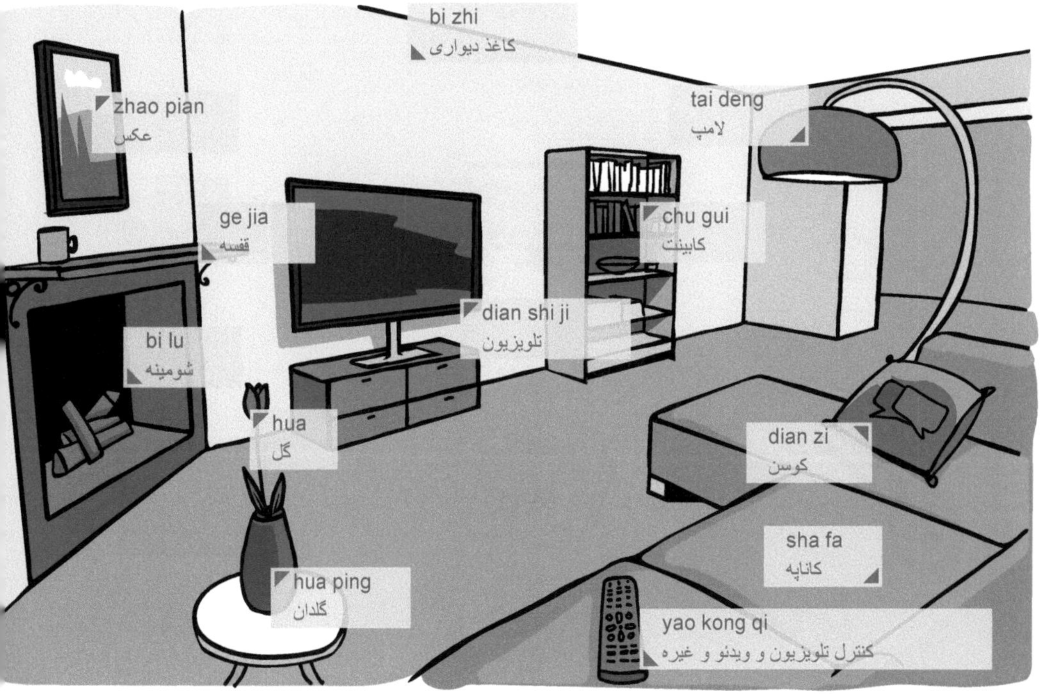

di tan
فرش

chuang lian
پرده

can zhuo
میز

yi zi
صندلی

yao yi
صندلی گهواره ایی

fu shou yi
صندلی راحتی

shu

كتاب

tan zi

لحاف

zhuang shi pin

دكوراسيون

mu chai

هيزم

dian ying

فيلم

gao bao zhen yin xiang

دستگاه ضبط صوت

yao shi

كليد

bao zhi

روزنامه

you hua

تابلو نقاشی

hai bao

پوستر

shou yin ji

راديو

bi ji ben

دفترچه يادداشت

xi chen qi

جاروبرقی

xian ren zhang

كاكتوس

la zhu

شمع

chu fang
آشپزخانه

bing xiang
یخچال
wei bo lu
ماکروویو
kao mian bao ji
تُستر
xi jie jing
ماده شوینده و پاک کننده
kao xiang
فر خوراک پزی
bing gui
جایخی
la ji tong
سطل آشغال
xi wan ji
ماشین ظرفشویی

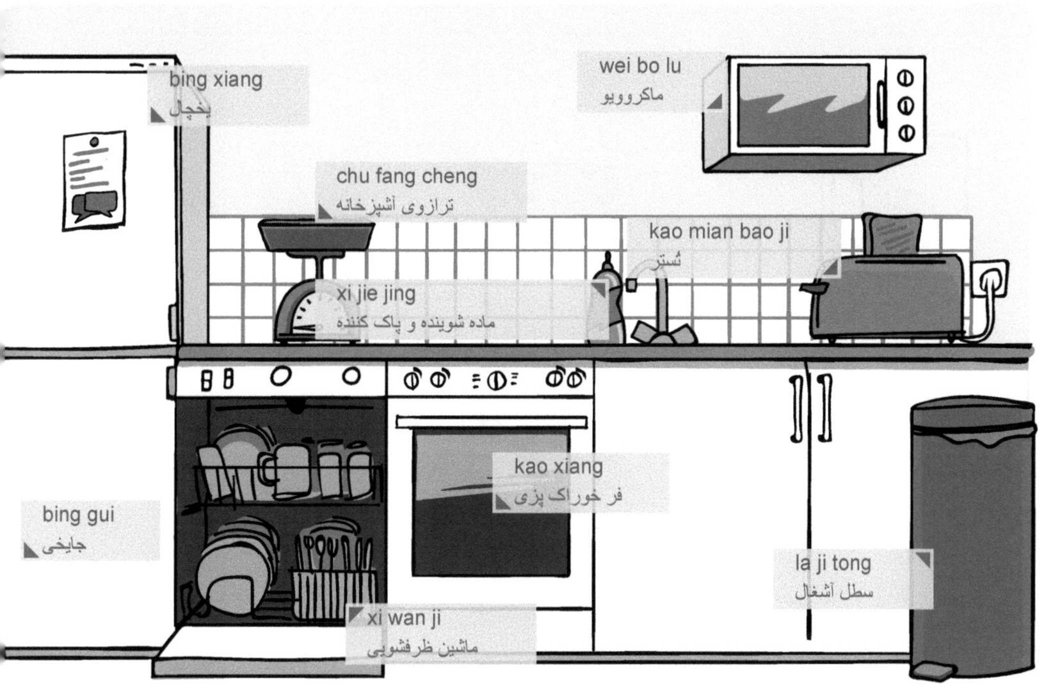

chui ju
....
اجاق گاز

guo
....
قابلمه

zhu tie guo
....
قابلمه چدنی

cha guo
....
ماهی تابه گود

ping di guo
....
ماهی تابه

shui hu
....
کتری

zheng guo

بخارپز

kao pan

سینی فر

tao ci guo

ظرف چینی آشپزخانه

ma ke bei

لیوان

wan

کاسه

kuai zi

چاپستیک

chang bing shao

ملاقه

chan zi

کفگیر

jiao ban qi

همزن

lü wang

آبکش

shai zi

آبکش

mo sui ji

رنده

yan bo

هاون

shao kao

باربیکیو

ming huo

محل مخصوص افروختن آتش

cai ban

تخته گوشت و سبزی

gan mian zhang

وردنه

kai ping qi

در بطری بازکن

guan zi

قوطی

kai ping qi

در قوطی بازکن

ge re shou tao

دستگیره پارچه ای

shui cao

سینک ظرفشویی

shua zi

برس گردگیری

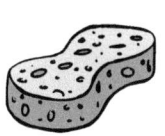

hai mian

اسفنج

jiao ban ji

مخلوط کن

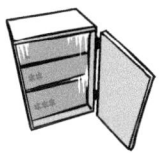

leng cang xiang

فریزر

nai ping

شیشه شیر بچه

shui long tou

شیر آب

yu shi

حمام

gong nuan she bei
بخاری
دوش
mao jin
حوله
yu lian
پرده ی حمام
pao mo yu
حمام کف
yu gang
وان حمام
bo li bei
لیوان
xi yi ji
ماشین لباسشویی
shui long tou
شیر آب
ci zhuan
کاشی
bian hu
لگن دستشویی کودکان
shui cao
سینک ظرفشویی

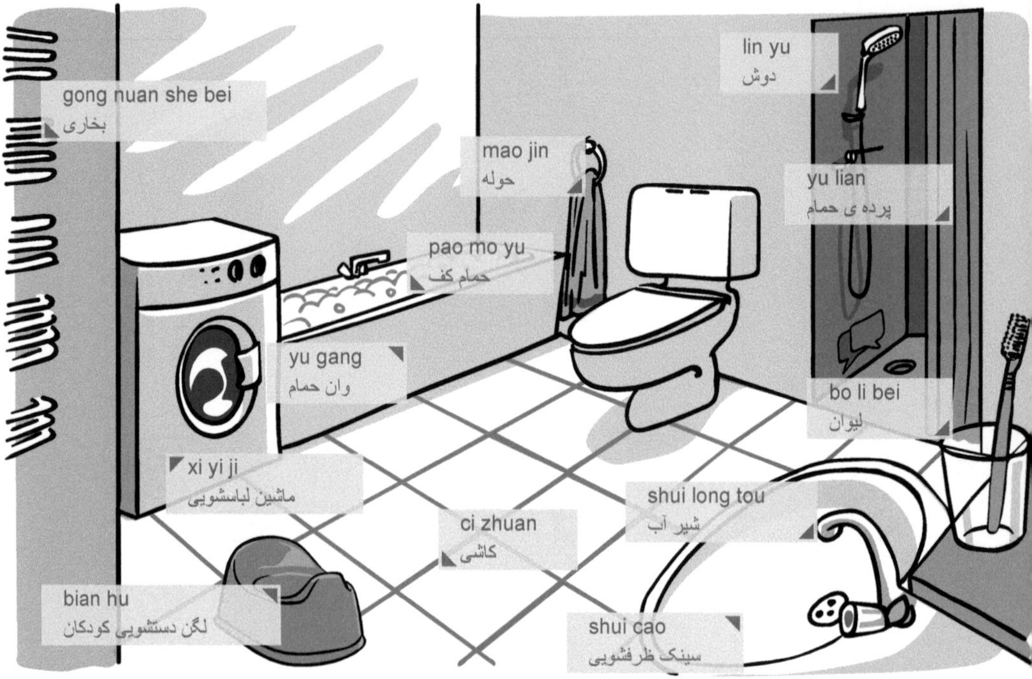

ce suo

توالت

dun bian qi

توالت ایرانی

zuo yu qi

کاسه توالت

xiao bian chi

توالت مخصوص آقایان

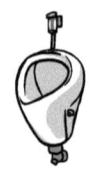

ce zhi

دستمال توالت

ma tong shua

فرچه توالت

ya shua

مسواک

ya gao

خمیردندان

ya xian

نخ دندان

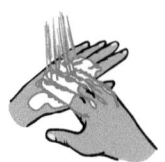

xi

شستن

shou chi shi pen lin tou

دوش آب تلفنی

chong xi qi

شلنگ توالت

xi lian pen

لگن روشویی

ca bei shua

برس شست و شوی پشت

fei zao

صابون

mu yu lu

شامپو بدن

xi fa shui

شامپو

fa lan rong

لیف حمام

pai shui

راه آب

ru shuang

کرم

chu chou ji

اسپری دئودورانت

jing zi

آیینه

shou jing

آیینه ی کوچک دستی

ti xu dao

تیغ ریش تراشی

ti xu pao mo

کف ریش تراشی

xu hou shui

افترشیو

shu zi

شانه ی سر

shua zi

برس

chui feng ji

سشوار

pen fa ding xing ji

اسپری مو

hua zhuang pin

آرایش

chun gao

رژلب

zhi jia you

لاک ناخن

hua zhuang mian

پنبه

zhi jia jian

قیچی ناخن

xiang shui

عطر

xi shu bao

کیف لوازم آرایشی و بهداشتی

deng zi

چهارپایه

ji zhong cheng

ترازو

yu pao

حوله ی پالتویی

xiang jiao shou tao

دستکش ظرفشویی

wei sheng mian tiao

تامپون

wei sheng jin

نوار بهداشتی

hua xue ce suo

توالت سیار

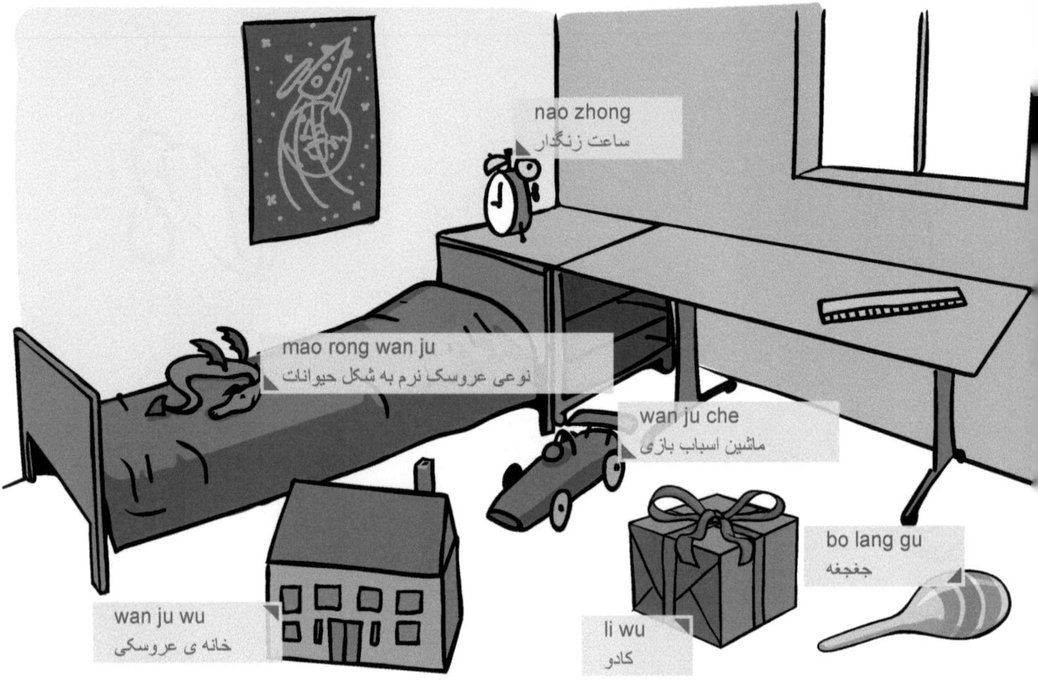

nao zhong
ساعت زنگدار
mao rong wan ju
نوعی عروسک نرم به شکل حیوانات
wan ju che
ماشین اسباب بازی
bo lang gu
جغجغه
wan ju wu
خانه ی عروسکی
li wu
کادو

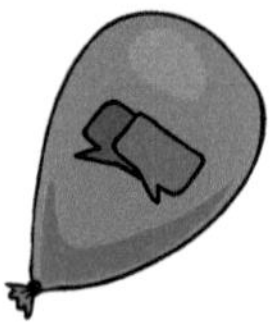

qi qiu

بادکنک

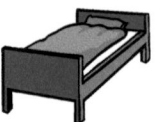

chuang

تخت خواب

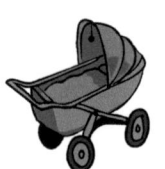

(yang wa wa yong)ying er che

کالسکه بچه

pu ke pai

بازی ورق

pin tu

پازل

SUPER
MEGA

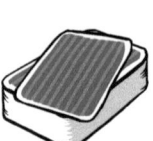

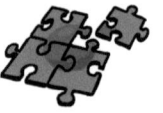

man hua

داستان مصور

le gao ji mu

اسباب بازی لگو

ji mu wan ju

خانه سازی

wan ju ren

عروسک شخصیت های فیلم و کارتون

ying er fu

لباس نوزاد

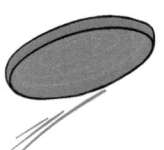

fei pan

فریزبی

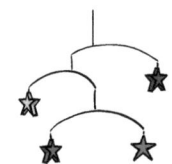

chuang ling wan ju

نوعی اسباب بازی که روی تخت نوزاد
یا کودک نصب می شود

qi pan you xi

بازی روی صفحه

shai zi

تاس

huo che mo xing

قطار اسباب بازی

an fu nai zui

پستانک

ju hui

مهمانی

hui ben

کتاب مصور

qiu

توپ

yang wa wa

عروسک

wan

بازی کردن

sha keng

جعبه شنی مخصوص بازی کودکان

qiu qian

تاب

wan ju

اسباب بازی

you xi ji

کنسول بازی های کامپیوتری

san lun che

سه چرخه

tai di xiong

خرس عروسکی

yi chu

کمد لباس

yi fu

لباس

wa zi

جوراب

chang wa

جوراب زنانه ساق بلند

jin shen ku

جوراب شلواری

wei jin
شال

pi dai
کمربند

yu san
چتر

T xu
تی شرت

xue zi
پوتین

tuo xie
دمپایی

yun dong xie
کفش ورزشی کتانی

liang xie
صندل

xie
کفش

yu xue
چکمه پلاستیکی

nei ku
شرت

xiong zhao
سوتین

bei xin
جلیقه

shen ti

بادی

ku zi

شلوار

niu zai ku

جین

duan qun

دامن

nü shi chen shan

بلوز

chen shan

پیراهن

tao tou shan

پولیور

wei yi

سویی شرت

xi zhuang jia ke

نوعی کت

jia ke

ژاکت

wai tao

کت بلند

yu yi

بارانی

tao zhuang

لباس نمایش

lian yi qun

لباس

hun sha

لباس عروس

xi zhuang

کت و شلوار

shui pao

لباس خواب زنانه

shui yi

پیژامه

sha li

ساری

tou jin

روسری

bao tou jin

عمامه

bo ka

برقع

ka fu tan

قبا

(a la bo shi)chang pao

عبا

yong yi

لباس شنا

nan shi yong ku

شرت شنا

duan ku

شلوارک

yun dong fu

لباس ورزشی

wei qun

پیشبند

shou tao

دستکش

yi fu - لباس   47

niu kou

دکمه

yan jing

عینک

shou lian

دستبند

xiang lian

گردنبند

jie zhi

انگشتر

er huan

گوشواره

bian mao

کلاه لبه دار

yi jia

چوب لباسی

mao zi

کلاه

ling dai

کراوات

la lian

زیپ

tou kui

کلاه ایمنی

bei dai

بند شلوار

xiao fu

لباس مدرسه

zhi fu

لباس فرم

wei dou

پیش بند بچه

an fu nai zui

پستانک

niao bu shi

پوشک بچه

ban gong shi

اداره

fu wu qi
سرور

wen jian gui
کمد نگهداری پرونده

da yin ji
چاپگر

xian shi ping
مانیتور

zhi
کاغذ

shu biao
ماوس

ban gong zhuo
میز تحریر

wen jian jia
زونکن

jian pan
صفحه کلید

yi zi
صندلی

fei zhi kuang
سبد کاغذ باطله

dian nao
کامپیوتر

ka fei bei

لیوان قهوه

ji suan qi

ماشین حساب

yin te wang

اینترنت

bi ji ben dian nao

لپ تاپ

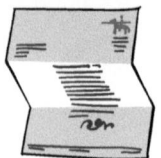

xin jian

نامه

xiao xi

پیغام

shou ji

تلفن همراه

wang luo

شبکه ی ارتباطی

fu yin ji

دستگاه فتوکپی

ruan jian

نرم افزار

dian hua

تلفن

cha zuo

پریز

chuan zhen ji

دستگاه فاکس

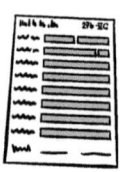

biao ge

فرم

wen jian

مدرک

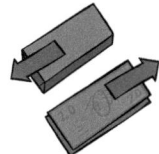

mai

خریدن

fu qian

پرداخت کردن

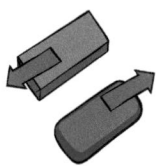

jiao yi

تجارت کردن

xian jin

پول

mei yuan

دلار

ou yuan

یورو

ri yuan

ین

lu bu

روبل

rui shi fa lang

فرانک سوئیس

ren min bi

یوان رنمینبی

lu bi

روپیه

ti kuan chu

دستگاه خودپرداز

wai bi dui huan chu

صرافی

jin

طلا

yin

نقره

shi you

نفت

neng yuan

انرژی

jia ge

قیمت

he tong

قرارداد

shui jin

مالیات

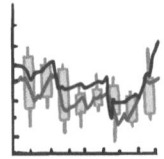

gu piao

سهام سرمایه

gong zuo

کار کردن

zhi yuan

کارمند

lao ban

کارفرما

gong chang

کارخانه

shang dian

مغازه

zhi ye
مشاغل

jing guan
مامور پلیس
xiao fang yuan
آتش نشان
chu shi
آشپز
yi sheng
دکتر
fei xing yuan
خلبان

yuan ding

باغبان

mu jiang

نجار

cai feng

خیاط زنانه

fa guan

قاضی

hua xue jia

شیمیدان

yan yuan

بازیگر

gong jiao che si ji

راننده اتوبوس

chu zu che si ji

راننده تاکسی

yu fu

ماهیگیر

qing jie nü gong

نظافتچی زن

wu ding gong

سقف ساز

fu wu yuan

پیشخدمت رستوران

lie ren

شکارچی

hua jia

نقاش

mian bao shi

نانوا

dian gong

برقکار

jian zhu gong ren

کارگر ساختمانی

gong cheng shi

مهندس

tu fu

قصاب

shui guan gong

لوله کش

you di yuan

پستچی

shi bing

سرباز

jian zhu shi

معمار

shou yin yuan

صندوقدار

hua nong

گل فروش

li fa shi

آرایشگر

shou piao yuan

مامور کنترل بلیط در قطار

ji xie shi

مکانیک

chuan zhang

ناخدا

ya yi

دندانپزشک

ke xue jia

دانشمند

la bi

عالم یهودی

yi ma mu

امام

he shang

راهب

mu shi

کشیش

gong ju
ابزارآلات

qian zi
انبردست
tie chui
چکش
luo si dao
پیچ گوشتی
ban shou
آچار
shou dian tong
چراغ قوه

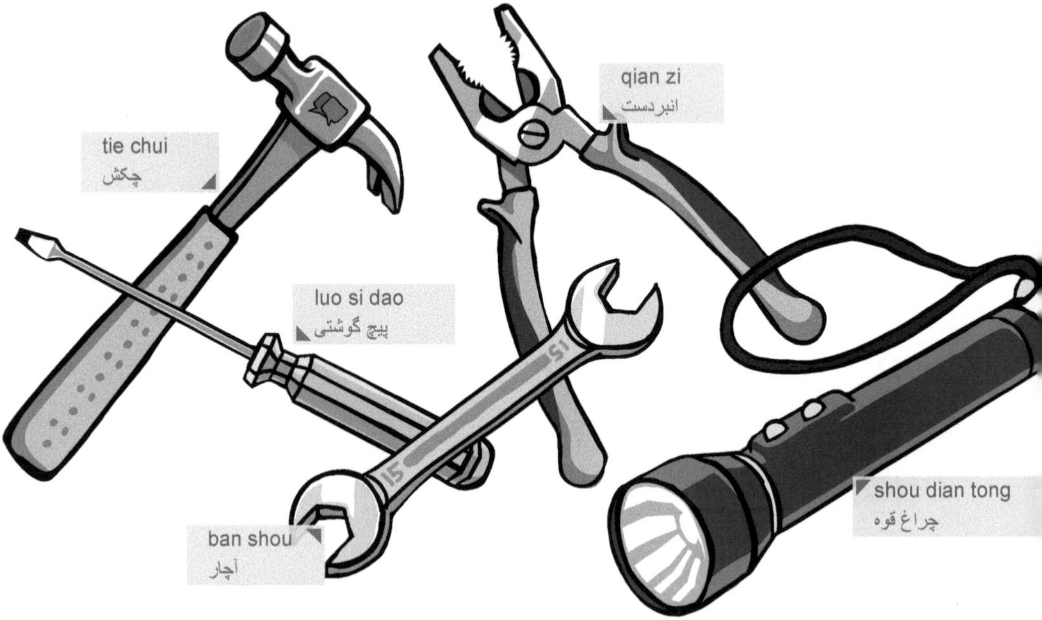

wa jue ji
بیل مکانیکی

gong ju xiang
جعبه ابزار

ti zi
نردبان

ju zi
ارّه

ding zi
میخ

zuan ji
مته

xiu

تعمیر کردن

chan zi

بیل

kao!

لعنتی!

bo ji

خاک انداز

you qi tong

سطل رنگرزی

luo si

پیچ

yue qi

آلات موسیقی

yang sheng qi
بلندگو

da ji yue qi
درامز

ji ta
گیتار

di yin ti qin
کنترباس

xiao hao
تروسپت

gang qin

پیانو

xiao ti qin

ویولن

bei si

گیتار بیس

ding yin gu

تیمپانی

gu

طبل

dian zi qin

کیبورد الکتریک

sa ke si guan

ساکسیفون

chang di

فلوت

mai ke feng

میکروفون

dong wu yuan

باغ وحش

lao hu
ببر
ru kou
ورودی
long zi
قفس
ban ma
گورخر
dong wu si liao
خوراک حیوانات
xiong mao
خرس پاندا

dong wu

حیوانات

da xiang

فیل

dai shu

کانگورو

xi niu

کرگدن

da xing xing

گوریل

xiong

خرس

luo tuo

شتر

tuo niao

شترمرغ

shi zi

شیر

hou zi

میمون

huo lie niao

فلامینگو

ying wu

طوطی

bei ji xiong

خرس قطبی

qi e

پنگوئن

sha yu

کوسه

kong que

طاووس

she

مار

e yu

تمساح

dong wu yuan guan li yuan

نگهبان باغ وحش

hai bao

خوک آبی

mei zhou bao

پلنگ امریکایی

ai zhong ma

اسب کوچک

bao

پلنگ

he ma

اسب آبی

chang jing lu

زرافه

lao ying

عقاب

ye zhu

گراز

yu

ماهی

gui

لاک پشت

hai xiang

شیرماهی

hu li

روباه

ling yang

غزال

ti yu

ورزش ها

gan lan qiu
فوتبال آمریکایی
qi zi xing che
دوچرخه سواری
wang qiu
تنیس
lan qiu
بسکتبال
you yong
شنا
bing qiu
هاکی روی یخ
quan ji
بوکس

ying shi zu qiu

فوتبال

yu mao qiu

بدمینتون

tian jing

دوومیدانی

shou qiu

هندبال

hua xue

اسکی

ma qiu

پولو

huo dong
فعالیت ها

xiao
خندیدن
tiao
پریدن
yong bao
بغل کردن
zou lu
راه رفتن
chang
آواز خواندن
zuo meng
رؤیا دیدن
qi dao
دعا کردن
qin wen
بوسیدن

shu xie
نوشتن

hua
رسم کردن

zhan shi
نشان دادن

tui
هل دادن

gci
دادن

nɑ
برداشتن

you

داشتن

zuo

انجام دادن

dang

بودن

zhan

ایستادن

pao

دویدن

la

کشیدن

reng

پرتاب کردن

shuai dao

افتادن

tang

دراز کشیدن

deng dai

منتظر بودن

xie dai

حمل کردن

zuo

نشستن

chuan yi

لباس پوشیدن

shui jiao

خوابیدن

xing lai

بیدار شدن

kan

تماشا کردن

ku

گریه کردن

fu mo

نوازش کردن

shu tou

شانه کردن

jiao tan

حرف زدن

ming bai

فهمیدن

wen

پرسیدن

ting

شنیدن

he

آشامیدن

chi

خوردن

qing li

مرتب کردن

ai

عاشق بودن

zuo fan

پختن

kai che

رانندگی کردن

fei

پرواز کردن

hang xing

قایقرانی کردن

ji suan

محاسبه کردن

du

خواندن

xue xi

یاد گرفتن

gong zuo

کار کردن

jie hun

ازدواج کردن

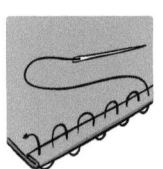

feng

دوختن

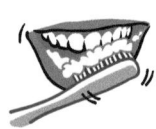

shua ya

مسواک زدن

sha

کشتن

chou yan

سیگار کشیدن

ji

فرستادن

zu mu
مادربزرگ

zu fu
پدربزرگ

fu qin
پدر

mu qin
مادر

ying tong
کودک

nü er
فرزند دختر

er zi
فرزند پسر

ke ren

مهمان

a yi

خاله، عمه

shu shu

دایی، عمو

xiong di

برادر

jie mei

خواهر

shen ti

بدن

qian e
پیشانی
yan jing
چشم
jian bang
شانه
shou zhi
انگشت دست
lian
صورت
xia ba
چانه
shou
دست
ru fang
سینه
tui
ساق پا
shou bi
بازو

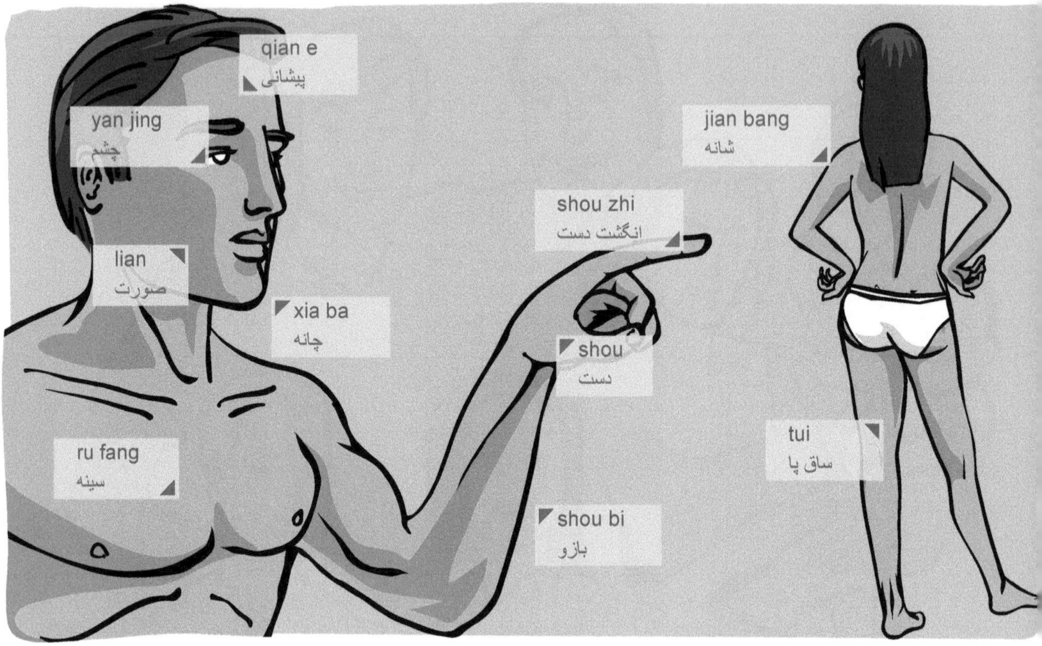

ying tong

کودک

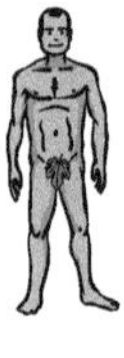

nan ren

مرد

nü ren

زن

nü hai

دختربچه

nan hai

پسربچه

tou

کله

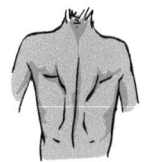

bei bu

كمر

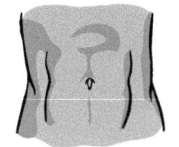

du zi

شكم

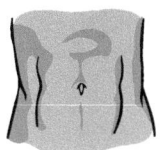

du qi

ناف

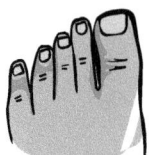

jiao zhi

انگشت پا

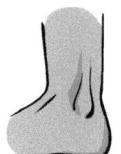

jiao hou gen

پاشنه

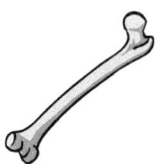

gu tou

استخوان

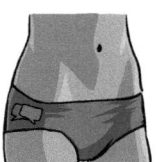

tun bu

لگن

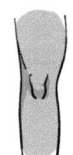

xi gai

زانو

shou zhou

آرنج

bi zi

بینی

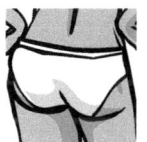

pi gu

نشیمنگاه

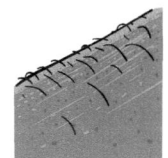

pi fu

پوست

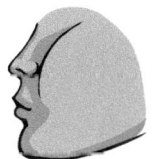

lian jia

گونه

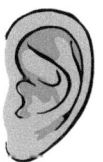

er duo

گوش

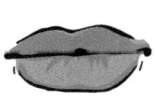

zui chun

لب

zui

دهان

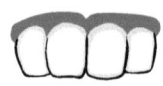

ya chi

دندان

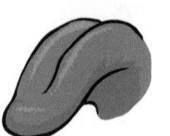

she tou

زبان

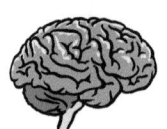

nao

مغز

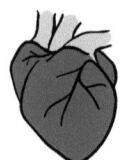

xin zang

قلب

ji rou

عضله

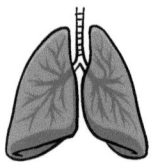

fei

ریه

gan zang

کبد

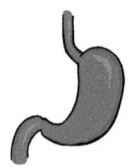

wei

معده

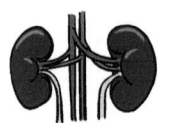

shen zang

کلیه

xing jiao

آمیزش جنسی

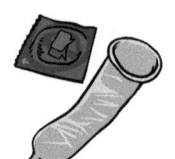

bi yun tao

کاندوم

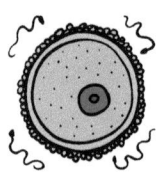

luan zi

تخمک

jing zi

اسپرم

huai yun

حاملگی

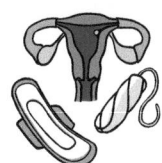

yue jing

پریود

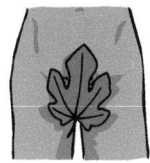

yin dao

واژن

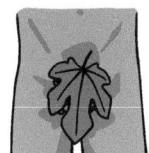

yin jing

آلت تناسلی مرد

mei mao

ابرو

tou fa

مو

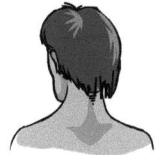

bo zi

گردن

yi yuan
بیمارستان

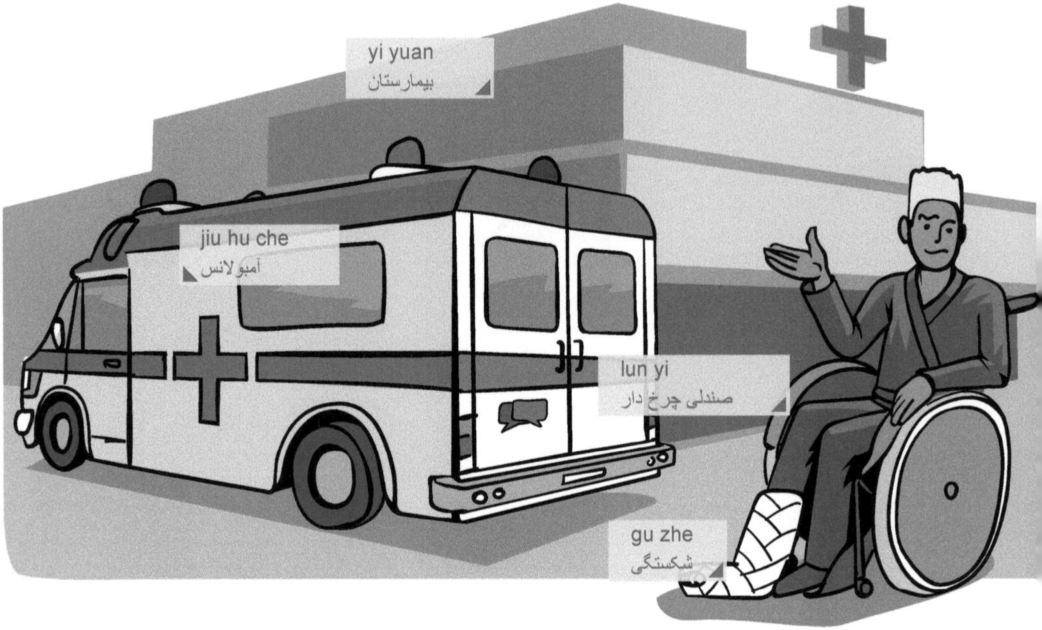

yi yuan
بیمارستان
jiu hu che
آمبولانس
lun yi
صندلی چرخ دار
gu zhe
شکستگی

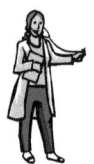

yi sheng

دکتر

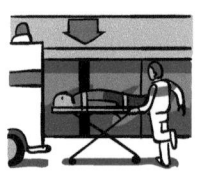

ji zhen shi

بخش اورژانس

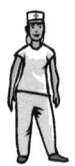

hu shi

پرستار

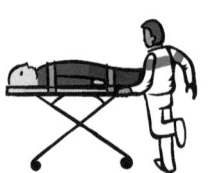

jin ji qing kuang

موقعیت اضطراری

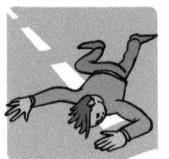

hun mi

بی هوش

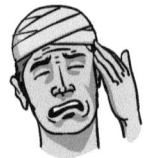

tong

درد

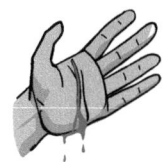

shou shang

مصدومیت

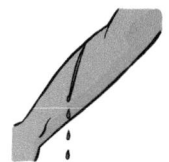

chu xue

خونریزی

xin zang bing fa zuo

سکته قلبی

zhong feng

سکته مغزی

guo min

آلرژی

ke sou

سرفه

fa shao

تب

liu gan

آنفولانزا

fu xie

اسهال

tou tong

سردرد

ai zheng

سرطان

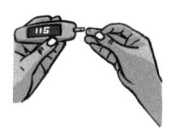

tang niao bing

دیابت

wai ke yi sheng

جراح

shou shu dao

چاقوی جراحی

shou shu

عمل جراحی

CT

سی تی اسکن

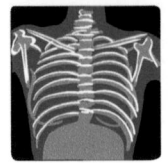

X guang

پرتونگاری

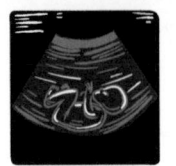

chao sheng bo

سونوگرافی

kou zhao

ماسک صورت

ji bing

بیماری

hou zhen shi

اتاق انتظار

guai zhang

چوب زیر بغل

shi gao

چسب زخم

beng dai

پانسمان

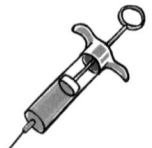

zhu she

تزریق

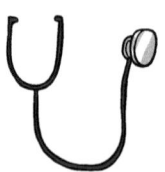

ting zhen qi

گوشی طبی

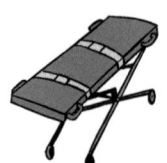

dan jia

برانکار

ti wen ji

دماسنج

chu sheng

زایش

chao zhong

اضافه وزن

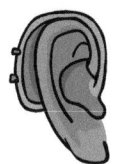

zhu ting qi

سمعک

xiao du ye

ماده ضد غفونی کننده

gan ran

عفونت

bing du

ویروس

ai zi bing

اچ آی وی / ایدز

yao wu

دارو

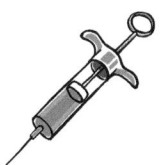

jie zhong yi miao

واکسیناسیون

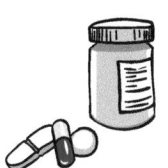

yao pian

قرص

yao wan

قرص ضد حاملگی

ji jiu dian hua

تماس اظطراری

xue ya ji

دستگاه اندازه گیری فشارخون

sheng bing/jian kang

مریض / سالم

jin ji qing kuang

موقعیت اضطراری

jiu ming!

کمک!

jing bao

آژیر خطر

tu ji

حمله

gong ji

حمله ی فیزیکی

wei xian

خطر

jin ji chu kou

خروج اظطراری

zhao huo la!

آتش

mie huo qi

کپسول آتش‌نشانی

yi wai

تصادف

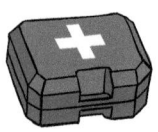

ji jiu xiang

جعبه کمک های اولیه

hu jiu xin hao

درخواست کمک

jing cha

پلیس

di qiu
کره زمین

ou zhou

اروپا

bei mei zhou

آمریکای شمالی

nan mei zhou

آمریکای جنوبی

fei zhou

آفریقا

ya zhou

آسیا

ao zhou

استرالیا

da xi yang

اقیا نوس اطلس

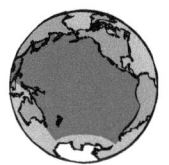

tai ping yang

اقیانوس آرام

yin du yang

اقیانوس هند

nan bing yang

اقیا نوس اطلس جنوبی

bei bing yang

اقیانوس منجمد شمالی

bei ji

قطب شمال

nan ji

قطب جنوب

nan ji zhou

قاره قطب جنوب

di qiu

کره زمین

lu di

سرزمین

hai

دریا

dao

جزیره

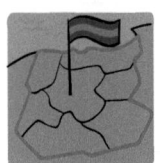

guo jia

ملت

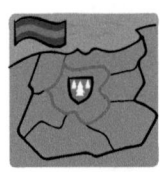

guo jia

کشور

zhong biao

ساعت

zhong mian

صفحه ی ساعت

shi zhen

ساعت شمار

fen zhen

دقیقه شمار

miao zhen

ثانیه شمار

xian zai ji dian?

ساعت چند است؟

tian

روز

shi jian

زمان

xian zai

اکنون

dian zi biao

ساعت دیجیتال

fen

دقیقه

shi

ساعت

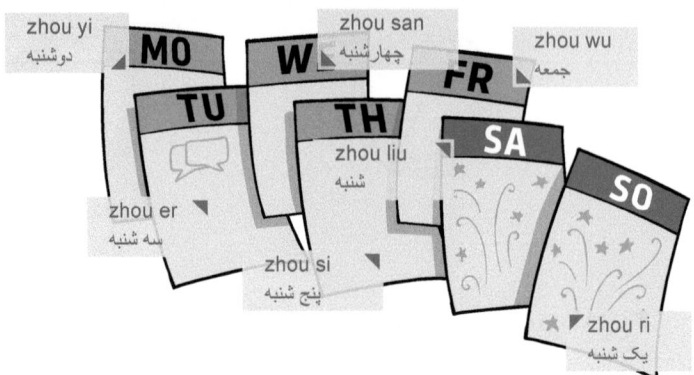

zhou

هفته

zhou yi
دوشنبه
zhou er
سه شنبه
zhou san
چهارشنبه
W
zhou si
پنج شنبه
zhou wu
جمعه
zhou liu
شنبه
SA
zhou ri
یک شنبه

zuo tian

دیروز

jin tian

امروز

ming tian

فردا

zao chen

صبح

zhong wu

ظهر

wan shang

غروب

gong zuo ri

روزهای کاری

zhou mo

آخر هفته

nian

سال

yu
باران
cai hong
رنگین کمان
xue
برف
feng
باد
chun
بهار
qiu
پاییز
xia
تابستان
dong
زمستان

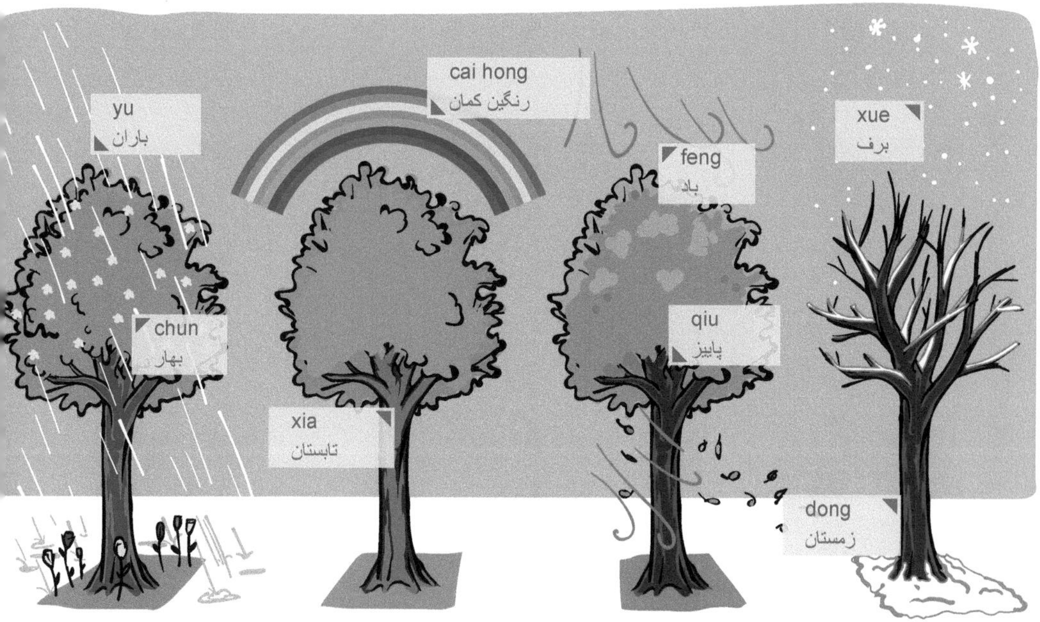

tian qi yu bao

پیش‌بینی اوضاع جوی

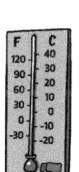

F
C

wen du ji

دماسنج

yang guang

تابش آفتاب

yun

ابر

wu

مه

chao shi

رطوبت هوا

shan dian

صاعقه

da lei

آسمان غره

feng bao

طوفان

bing bao

تگرگ

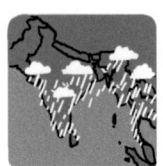

ji feng

باد موسمی

hong shui

سیل

bing

یخ

yi yue

ژانویه

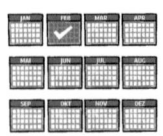

er yue

فوریه

san yue

مارس

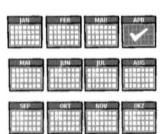

si yue

آوریل

wu yue

مه

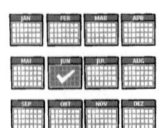

liu yue

ژوئن

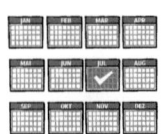

qi yue

ژوئیه

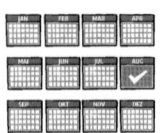

ba yue

آگوست

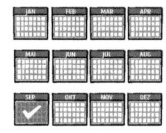

jiu yue

سپتامبر

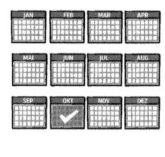

shi yue

اُکتبر

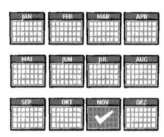

shi yi yue

نوامبر

shi er yue

دسامبر

xing zhuang

آشکال

yuan xing

دایره

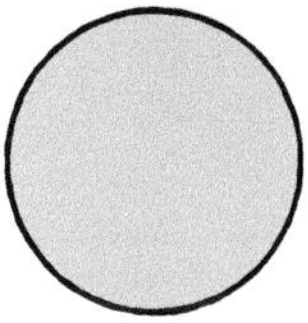

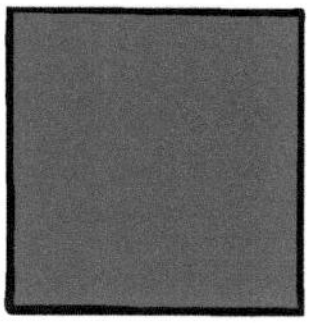

zheng fang xing

مربع

chang fang xing

مستطیل

san jiao xing

سه گوش

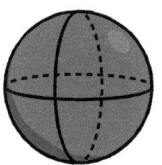

qiu ti

گره

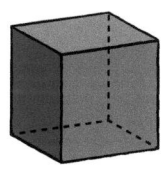

li fang ti

مکعب مربع

yan se

رنگ ها

bai

سفید

huang

زرد

cheng

نارنجی

fen

صورتی

hong

قرمز

zi

بنفش

lan

آبی

lü

سبز

zong

قهوه ای

hui

خاکستری

hei

سیاه

fan yi ci
متضاد ها

hen duo/shao xu

خیلی / کم

sheng qi/ping jing

خشمگین/ آرام

mei/chou

زیبا / زشت

shou/wei

شروع / پایان

da/xiao

بزرگ / کوچک

ming/an

روشن / تیره

xiong di/jie mei

برادر / خواهر

gan jing/ang zang

تمیز / آلوده

wan zheng/que shi

کامل / ناقص

bai tian/wan shang

روز / شب

si/sheng

مرده / زنده

kuan/zhai

پهن / باریک

ke shi yong/fei shi yong

قابل خوردن / غیر قابل خوردن

xie e/shan liang

غضبناک / مهربان

xing fen/wu liao

هیجان زده / بی حوصله

pang/shou

چاق / لاغر

di yi/zui hou

اولین / آخرین

peng you/di ren

دوست / دشمن

man/kong

پر / خالی

ying/ruan

سفت / نرم

zhong/qing

سنگین / سبک

e/ke

گرسنگی / تشنگی

sheng bing/jian kang

مریض / سالم

fei fa/he fa

غیرقانونی / قانونی

cong ming/yu ben

باهوش / خنگ

zuo/you

چپ / راست

jin/yuan

نزدیک / دور

xin/jiu

نو / استفاده شده

mei you/you xie

هیچ چیز / چیزی

lao/you

پیر / جوان

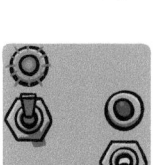

kai/guan

روشن / خاموش

da kai/he shang

باز / بسته

an jing/chao nao

آهسته / بلند

fu/qiong

ثروتمند / فقیر

dui/cuo

درست / غلط

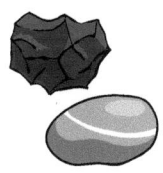

cu cao/guang hua

زبر / صاف

shang xin/gao xing

غمگین / خوشحال

duan/chang

کوتاه / بلند

man/kuai

کند / تند

shi/gan

تر / خشک

wen nuan/liang shuang

گرم / خنک

zhan zheng/he ping

جنگ / صلح

shu zi

اعداد

0	**1**	**2**
ling	yi	er
صفر	یک	دو
3	**4**	**5**
san	si	wu
سه	چهار	پنج
6	**7**	**8**
liu	qi	ba
شش	هفت	هشت
9	**10**	**11**
jiu	shi	shi yi
نه	دَه	یازده

12	**13**	**14**
shi er	shi san	shi si
دوازده	سیزده	چهارده
15	**16**	**17**
shi wu	shi liu	shi qi
پانزده	شانزده	هفده
18	**19**	**20**
shi ba	shi jiu	er shi
هجده	نوزده	بیست
100	**1.000**	**1.000.000**
bai	qian	bai wan
صد	هزار	میلیون

yu yan

زبان ها

ying yu

انگلیسی

mei shi ying yu

انگلیسی آمریکایی

pu tong hua

چینی ماندارین

yin di yu

هندی

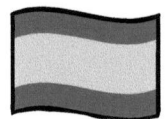

xi ban ya yu

اسپانیایی

fa yu

فرانسوی

a la bo yu

عربی

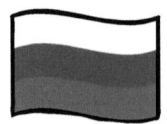

e yu

روسی

pu tao ya yu

پرتغالی

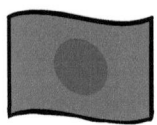

feng jia la yu

بنگالی

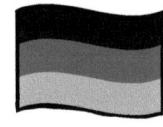

de yu

آلمانی

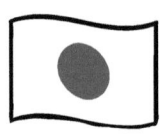

ri yu

ژاپنی

shei / shen me / zen yang

چه کسی / چه چیزی / چگونه

wo
....
من

ni
....
تو

ta/ta/ta
....
او

wo men
....
ما

ni men
....
شما

ta men
....
آنها

shei?
....
چه کسی؟ کی؟

shen me?
....
چی؟

zen yang?
....
چگونه؟

na li?
....
کجا؟

shen me shi hou?
....
کِی؟

ming zi
....
نام

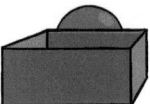

fang wei

کجا

hou mian

پشت

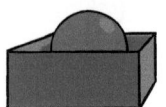

li mian

توی

qian mian

جلو

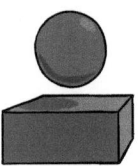

shang fang

بالای

shang mian

روی

xia mian

زیر

pang bian

مجاور

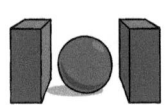

zhong jian

بین

di dian

مکان